ARRONDISSEMENT D'YVETOT

RECUEIL

DES

USAGES LOCAUX

de l'Arrondissement d'Yvetot

PUBLIÉ PAR LA

SOCIÉTÉ D'ENCOURAGEMENT A L'AGRICULTURE PRATIQUE

—— ⤚❋⤙ ——

YVETOT

IMPRIMERIE DE « L'ABEILLE CAUCHOISE »
122, Rue du Calvaire

1904

ARRONDISSEMENT D'YVETOT

RECUEIL

DES

USAGES LOCAUX

de l'Arrondissement d'Yvetot

PUBLIÉ PAR LA

SOCIÉTÉ D'ENCOURAGEMENT A L'AGRICULTURE PRATIQUE

YVETOT

IMPRIMERIE DE « L'ABEILLE CAUCHOISE »
122, Rue du Calvaire

1904

NOTICE

La Société d'Encouragement à l'Agriculture pratique de l'arrondissement d'Yvetot, réunie en Assemblée Générale le 29 octobre 1902, a décidé de nommer une Commission d'études du Code des Usages Locaux.

Cette Commission, composée de :

MM. BOUREL Eugène, *Président* ;
GUILLEBERT Paul, *Vice-Président* ;
FENESTRE Hippolyte, *Secrétaire* ;
MESSIER, GUÉRIN Arthur, OUVRY Emile, et LANGE Gustave, *Membres*,

s'est attachée à extraire du *Code des Usages Locaux*, publié par la Société Centrale d'Agriculture du département de la Seine-Inférieure, tous les articles concernant spécialement l'arrondissement d'Yvetot, de les unifier et d'y apporter les modifications nécessitées par l'abandon des anciennes pratiques culturales et l'emploi de plus en plus fréquent des cultures industrielles.

La Commission, après six séances consacrées à cet examen, s'est arrêtée à la rédaction suivante et ce Recueil a été soumis à la Société Centrale d'Agriculture du département de la Seine-Inférieure qui l'a revisé et approuvé dans sa séance du 27 novembre 1903.

PREMIÈRE PARTIE

DU LOUAGE [1]

CHAPITRE PREMIER

De la Location des Maisons et Jardins

§ 1er. — Entrée en jouissance et paiement des Loyers

ARTICLE 1er

A défaut de convention écrite, l'entrée en jouissance pour une maison seule, soit entière, soit en partie, a. lieu aux termes de Pâques, Saint-Jean, Saint-Michel et Noël.

On entend par Pâques, le jour du 29 Mars et non le jour de la fête comme la Saint-Michel est synonyme du 29 Septembre.

ART. 2

Pour une maison avec cour ou jardin, ou avec cour, jardin et plantations, l'entrée en jouissance a lieu au terme de Saint-Michel seulement.

ART. 3

Pour les caves, magasins, écuries, remises, chantiers, hangars et greniers, boutique seule, boutique et chambre, chambre à feu seule et cabinet, elle a lieu aux quatre termes ordinaires de l'année, Pâques, Saint-Jean, Saint-Michel et Noël.

ART. 4

Pour les jardins, avec ou sans arbres fruitiers, elle a lieu aux deux termes de Pâques et Saint-Michel.

---

(1) Voir, pour les principes généraux du contrat de louage, les articles 1708 et suivants du Code civil.

Le locataire dont la jouissance expire à Saint-Michel a jusqu'à Noël pour enlever ses légumes d'hiver.

Il peut enlever les arbres et arbustes qu'il a plantés dans les six dernières années de sa jouissance, mais à la condition d'en laisser en nombre et en espèces la même quantité qu'il a trouvée lors de son arrivée, en remplaçant ceux qui manquent, à moins qu'ils ne soient morts par vétusté. Il a pour cet enlèvement jusqu'au 15 Novembre.

Il doit laisser intacts les asperges et les artichauts, lors même qu'il les aurait plantés.

ART. 5

Pour une maison meublée, ou une partie de maison meublée, le bail verbal est fait pour la durée ordinaire de la location des maisons, et les loyers sont payables par trimestres.

Pour un appartement meublé, ou une chambre meublée, il est fait au mois si les loyers se paient au mois, à la quinzaine ou à la semaine, selon qu'ils se paient à ces intervalles.

ART. 6

Les locations indiquées aux cinq articles qui précèdent commencent et cessent à midi, et les clés doivent être remises à ce moment.

ART. 7

Les paiements des loyers des maisons se font tous les trois mois, aux quatre termes de Pâques, Saint-Jean, Saint-Michel et Noël de chaque année, sauf dans les cantons ruraux où ils ont lieu tous les six mois, aux deux termes de Pâques et Saint Michel.

ART. 8

La durée des locations verbales n'est pas fixée par l'usage, mais le bailleur et le preneur peuvent toujours la faire cesser par un congé signifié dans les délais qui vont être indiqués sous le paragraphe deuxième ci-après ; ce sont ces délais qui déterminent la véritable durée du bail.

§ II. — **Congés**

ART. 9

Pour les locations à l'année, le congé est de six mois, pour :
1º Une maison entière, avec ou sans accessoires, tels que

cour pavée et terrasses artificielles, pour sortir à l'un des quatre termes de Pâques, Saint-Jean, Saint-Michel et Noël.

Sont assimilés à une maison entière : les chantiers de construction, les magasins pour le dépôt ou la conservation des marchandises, de même que les caves, écuries, remises, hangars, greniers ou autres emplacements couverts ou non couverts, formant une propriété entière ou séparée ;

2° Une maison avec cour et jardin, ou avec cour en herbage, jardin et plantations, pour sortir à Pâques ou Saint-Michel, de manière à ce que la sortie coïncide avec l'époque d'entrée en jouissance.

ART. 10

Il est de trois mois pour :

1° Une partie de maison consistant en deux ou plusieurs pièces distinctes susceptibles d'être occupées séparément ;

2° Une chambre avec une partie de cour, de cave ou de grenier ;

3° Les magasins de vente ou boutiques, lorsque la location a lieu pour cet usage ; les parties de chantier et les parties de magasin pour le dépôt ou la conservation des marchandises et matériaux, les caves, écuries, remises et hangars dépendant d'une propriété divisée en plusieurs locations.

Il est aussi de trois mois pour les locations de six mois

ART. 11

Il est de six semaines pour les locations de trois mois.

ART. 12

Il est de quinze jours pour les locations au mois et les chambres meublées au mois, et de huit jours pour les locations à la quinzaine ou à la semaine.

ART. 13

Le congé n'est pas nécessaire pour faire cesser la jouissance à la fin de la première année de location, pour les objets loués pour cette période de temps (fin d'année, fin de jouissance). — Cette règle s'applique également aux locations de plus courte durée.

Il n'est pas non plus nécessaire pour les locations meublées faites aux étrangers pendant la saison des bains.

ART. 14

Si le locataire, qui avait un bail écrit, est resté en jouissance par tacite reconduction, il est nécessaire de lui donner congé dans les délais ci-dessus prescrits.

La tacite reconduction ne peut être admise que quand le locataire est laissé en jouissance au moins cinq jours après l'expiration de son bail, si le bailleur réside dans un rayon de trois myriamètres de l'objet loué, augmentés d'un jour par chaque trois myriamètres s'il demeure au delà.

ART. 15

Les délais de congés sont des délais francs ; ils doivent être donnés le jour où commence le terme de sortie, mais avant midi.

ART. 16

Le propriétaire n'est pas tenu de donner congé aux sous-locataires, et ceux-ci doivent se retirer en même temps que le locataire principal, sauf leur recours contre ce dernier s'il ne les a pas avertis à temps.

ART. 17

Les congés peuvent être donnés et acceptés par écrit sous seing privé, sinon leur notification doit être faite par ministère d'huissier (1).

A partir du congé, le bailleur peut mettre un écriteau pour la relocation et faire visiter les biens aux locataires qui se présenteraient ; ces visites doivent être faites pendant le jour. L'usage veut que le locataire sortant indique au moins deux jours par semaine pour la visite des lieux. Le juge y pourvoit en cas contraire.

§ III. — **Réparations locatives**

ART. 18

Les réparations locatives sont celles indiquées en l'article 1734 du Code civil.

En outre, l'usage a consacré les suivantes auxquelles le locataire est tenu :

1º Le ramonage des cheminées, le nettoyage et le balayage des appartements et bâtiments ;

---

(1) Les congés peuvent aussi être constatés par le registre tenu par le juge de paix en exécution de la loi du 2 mai 1855.

2° La rupture de la plaque de fonte placée comme contre-cœur de la cheminée ;

3° Le remplacement des croissants qui retiennent les pelles et pinces à feu ;

4° La réparation des chambranles et tablettes de cheminées, sans distinction de ce qui est maçonnerie, menuiserie, pierre ou marbre, sauf l'avant-foyer qui reste à la charge du propriétaire, à moins que le dégât, autre toutefois que l'action du feu, ne provienne du fait du locataire ;

5° Le carrelage des réchauds, le scellement des boîtes en fonte et leur remplacement quand elles sont cassées autrement que par vétusté ;

6° L'aire, c'est-à-dire la partie carrelée des fours et l'aire basse non pavée des écuries et remises.

7° Les pierres à laver, ainsi que la grille du tuyau, quand elles sont cassées ;

8° Les rateliers et mangeoires des écuries et barres de séparation des chevaux ;

9° Les pistons des pompes et l'entretien des cordes, poulies et seaux des puits ;

10° Dans les jardins la taille des arbres fruitiers, la tonte des haies vives et des gazons, l'entretien des clôtures, bordures, plates-bandes et carrés.

Il est impossible d'énumérer tous les cas qui donnent lieu à des réparations locatives. En général, tout ce qui peut être considéré comme dégradation de pied et de main (pour nous servir d'une ancienne locution normande) de la part du locataire rentre dans les réparations que la loi impose ; elles doivent s'ajouter aux prescriptions de l'article 1754.

ART. 19

Le boulanger est en outre tenu à la réparation du pavage et de la motte du four, à l'entretien et au renouvellement même du bouchoir lorsqu'il est usé.

ART. 20

Les réparations doivent être faites pour le moment de la sortie et l'usage donne au propriétaire six mois de recours contre le locataire pour leur exécution.

CHAPITRE II

De la Location des Usines, Fabriques, Moulins

ART. 21

La location des usines, fabriques et moulins, qu'ils soient mûs par l'eau ou par la vapeur se fait sans prisée.

ART. 22

La location a lieu par baux écrits.

ART. 23

L'époque d'entrée en jouissance ne peut guère se fixer par l'usage, les usines, fabriques, moulins ne se louant presque jamais sans écrit.

ART. 24

La durée de la location pour les établissements industriels, à défaut de convention, est d'un an, excepté pour les tanneries où la durée de la location est de deux ans.

ART. 25

Les paiements des loyers se font en deux termes, suivant l'époque de l'entrée en jouissance.

ART. 26

Si les grosses pièces telles que vannes, roue motrice, grande roue, arbre de couche et de transmission de forces, chaudières, meules, tubes à vapeur ont besoin d'être remplacés, s'il y a lieu de faire un travail quelconque devant occasionner des dépenses notables, la nécessité doit être constatée contradictoirement entre le preneur et le bailleur. Il en serait de même si un changement devait être effectué dans le système de l'usine.

Quelle que soit la durée des travaux, le preneur n'a aucun

recours contre le bailleur pour le chômage, à moins qu'il ne s'agisse de travaux aux bâtiments ou à la cage, pour lesquels les parties restent dans le droit commun.

ART. 27

Le locataire sans prisée n'est tenu qu'aux réparations d'entretien à faire aux commandeurs, tels que vannes, aubes de la roue motrice, coyaux, chevilles du grand et du petit rouet, lanterne, fuseaux, pignons et coussinets, jusques y compris le tambour portant les cuirasses de transmission ou tout autre appareil pouvant en tenir lieu. Les cuirasses commencent la série des travaillants ou commandés.

Il doit, en outre, remplacer les travaillants hors de service par l'usage ou toute autre cause, plus les machines, ustensiles, outils et meubles consacrés spécialement au mouvement et à l'exploitation, lesquels doivent toujours être entretenus au complet et en bon état.

La détérioration des planches aux passages et aux endroits de la circulation des chariots doit être réparée aussi par le locataire comme résultant d'une dégradation de son fait.

ART. 28

En outre des réparations locatives ordinaires, les locataires des usines, fabriques et moulins mûs par l'eau sont encore tenus aux réparatious à faire aux berges des rivières et canaux, si elles sont en terre, avec ou sans pieux, aux ponts servant à la manœuvre, aux coursiers. Les réparations comportent encore le curage et le faucardement des rivières et des canaux du coursier, des fosses, rigoles et de la rivière dite de décharge.

Le locataire doit aussi se conformer aux arrêtés administratifs concernant la police des eaux et des machines à vapeur.

ART. 29

Les principes ci-dessus s'appliquent également aux filatures, tissages et autres usines. Tous les locataires doivent remplacer les machines, outils et ustensiles, soit adhérents, soit mobiles, placés par le propriétaire pour l'exploitation des fabriques et ateliers, et rendre le tout, à la fin de la jouissance, en état de bien fonctionner et travailler parfaitement.

Les mêmes obligations sont imposées quand les commandeurs ont une pompe à feu pour moteur principal, ou mar-
chant par le mariage des deux systèmes.

ART. 30

Toutes les réparations à la charge des locataires d'usines
doivent être terminées le jour de la sortie, afin qu'il n'y ait
pas d'interruption dans l'industrie. Aucun délai n'est accordé
après l'expiration du bail.

Le locataire est présumé les avoir exécutées et en est dé-
chargé si le propriétaire a laissé écouler un an sans rien
réclamer.

ART. 31

Dans les tanneries, les locataires doivent entretenir les
cuves, fosses, fosses-aigres et séchoirs.

ART. 32

Les locataires des fours à chaux, à briques, sont obligés à
la réparation et à l'entretien du four, des chemins d'accès, à
l'entretien et au remplacement des ustensiles, outils et machines servant à l'exploitation de ces établissements.

En outre, ceux des fours à briques sont spécialement tenus
de l'entretien des aires à sécher les briques, des séchoirs,
des réservoirs d'eau, des piles ou pilons, des tables et des
moules. Tous ces objets doivent être rendus en état de servir
à la fin du bail.

ART. 33

Le délai pour le congé à donner aux locataires d'usines est
de six mois, sauf celles auxquelles sont jointes des prairies,
auquel cas il est d'un an.

ART. 34

La sortie doit avoir lieu le jour du terme, à midi, ainsi
qu'il a été dit à l'article 6, pour les locations ordinaires, sauf
le cas où le terme tombe un jour férié.

CHAPITRE III

De la Location des Jardins maraîchers et des Pépinières

ART. 35

La location verbale des jardins maraichers a lieu pour une ou trois années. L'entrée en jouissance et la sortie ont lieu à Saint-Michel et Noël.

ART. 36

Pour les pépinières il n'y a pas d'usages bien reconnus ; la location s'en fait généralement par écrit.

ART. 37

Les termes de paiement des loyers des jardins maraichers et pépinières sont Pâques et Saint-Michel.

ART. 38

Les locataires des jardins maraichers et des pépinières sont tenus à la taille des arbres fruitiers et à l'entretien du treillage des espaliers, bordures, plates-bandes et carrés. Ils sont tenus au remplacement.

ART. 39

Les congés pour les jardins maraichers doivent être délivrés six mois d'avance. Il n'y a pas d'usage constant pour les pépinières.

ART. 40

Le jardinier dont le bail expire à la Saint-Michel a jusqu'à Noël pour l'enlèvement de ses récoltes,

Des Baux à Ferme

§ 1er. — Durée des baux. — Paiement des fermages. — Congés

ART. 41

La durée des baux à ferme sans écrit, ainsi que celle des terres de labour dites terres nues, terres écalées ou assolées, est de trois années lorsque ces fermes et terres sont soumises à l'assolement de trois ans et de deux années si cet assolement n'est que de deux ans (1).

ART. 42

L'époque d'entrée en jouissance est fixée à Saint-Michel pour les fermes et les terres arables, dites terres nues ou terres écalées.

ART. 43

Les termes de paiement des fermages sont le 29 Mars et le 29 Septembre pour tous les cantons, sauf pour les fermes herbagères du canton de Caudebec où les paiemonts se font, comme l'entrée en jouissance, aux termes de Saint-Jean et Noël.

ART. 44

Les fermages sont payables à l'échéance des termes, et le premier terme est exigible six mois après l'entrée en jouissance.

ART. 45

La dernière année de la jouissance, le dernier terme est exigible par anticipation, le 29 juin précédant la sortie du fermier le 29 Septembre.

ART. 46

Le congé pour les fermes et terres de labour n'est pas nécessaire à la fin de la première période ; on suit en cela l'article 1774 du code civil, mais pour les autres périodes il doit être notifié un an avant l'époque de la sortie.

ART. 47

Si à l'expiration des baux ruraux, écrits ou verbaux, le fermier reste et est laissé en possession, il s'opère alors par tacite reconduction un nouveau bail identique au précédent,

---

(1) L'usage, à cet égard, est conforme à l'article 1774 du Code civil.

dont la durée est de trois ou deux ans, selon l'assolement, et il est nécessaire de donner congé conformément à l'article 49 ci-dessus.

Toutefois la tacite reconduction ne peut être admise que quand le locataire est laissé en jouissance, au moins cinq jours après l'expiration de son bail.

§ II. — Nantissement

ART. 48

Tout fermier entrant doit avoir en nantissement :

1° En céréales et fourrages, l'équivalent des deux tiers d'une récolte ordinaire de la ferme dont il prend la jouissance.

2° Et en bestiaux, de deux tiers à trois quarts de tête de gros bétail par hectare, en herbage, prairie et labour.

La tête de gros bétail prise pour unité a pour équivalent un cheval, un bœuf, une vache, un poulain d'un an et au dessus, un veau au dessus d'un an, deux petits veaux ou poulains de l'année, huit moutons au dessus d'un an et dix agneaux, 4 porcs.

ART. 49

La moyenne du nombre des bestiaux doit exister constamment sur la ferme, sauf le cas de cessation de jouissance, qui se trouve régi par l'article 125 ci-après.

§ III. — Assolement des Terres

ART. 50

L'assolement des terres d'une ferme est triennal, quatriennal ou septennal.

L'assolement peut être biennal dans les fermes de moins de cinq hectares de terres labourables.

ART. 51

L'assolement des terres nues, dites écalées, est le même que celui des fermes,

ART. 52

Les assolements sont basés sur la récolte du blé et du trèfle violet.

Le blé ne devra revenir à la même place plus souvent que tous les trois ans, excepté dans l'assolement biennal où le blé revient sur les mêmes terres tous les deux ans ; le trèfle violet ou de saison ne devra revenir sur les mêmes terres que tous les six ans au minimum dans tous les assolements.

ART. 53

L'assolement biennal se divise ainsi :

La 1re sole comprend la moitié de la ferme en blé.

Et la 2e sole comprend l'autre moitié qui se divise sans proportions fixes entre toutes les autres cultures, à l'exception du trèfle violet dont il ne peut être fait plus d'un sixième.

ART. 54

Pendant les trois dernières années du bail, le mode de culture adopté pendant la durée du bail doit être rigoureusement observé.

ART. 55

Lorsqu'une maison est louée avec une seule pièce de terre de peu d'étendue, on ne divise pas l'assolement, on l'alterne. Il en est de même pour une petite pièce de terre nue dont la contenance ne permet pas la division de l'assolement.

ART. 56

Le règlement des indemnités pour contravention aux articles 56 et 57 est laissé à l'appréciation des tribunaux.

§ IV. — **Labours et semences.— Jachères**

ART. 57

L'ensemencement des Mars exige au moins deux labours suivis de hersages.

Cet ensemencement comprend l'avoine, le trèfle qu'on sème dedans, l'orge, les pois, la vesce, le lin, les racines et le blé de printemps.

ART. 58

Les jachères pures ne sont presque plus en usage ; une partie de la sole réservée à cet effet et considérée comme jachère est semée en menus grains, notamment en trèfle incarnat ou fourrages verts à pâturer sur place.

La quantité de terre que le fermier sortant doit laisser comme jachère est de 1/4 de la sole.

ART. 59

L'usage des jachères n'existe pas pour les petites fermes de 7 hectares et au-dessous.

ART. 60

Si le blé vient à manquer, le fermier sortant a le droit de le remplacer par toutes les semences dites de Mars. Pour faire cette semence, il peut labourer et herser la terre.

ART. 61

Si le trèfle ordinaire vient à manquer, le fermier sortant peut le remplacer par des plantes fourragères. Ces récoltes doivent être consommées en vert et sur place, 1/3 seulement peut être fauché et récolté.

ART. 62

Si le trèfle incarnat fait par le fermier sortant vient à manquer, il peut le remplacer par des plantes fourragères qui seront consommées en vert sur l'exploitation.

Pailles et Fumiers. — Marnage

ART. 63

Les pailles et fumiers appartiennent au fonds ; aucune partie n'en peut être distraite et le fermier doit les employer en totalité sur la ferme ; ils sont immeubles par destination, conformément à l'article 524 du code civil.

Il n'y a d'exception que pour la paille de seigle qu'il pourra vendre jusqu'à concurrence d'un trentième (1/30) des terres cultivées.

ART. 64

Si le fermier a apporté les pailles, il a droit de remporter celles qui proviennent de sa dernière récolte, sauf le droit de rétention du propriétaire résultant de l'article 1778 du code civil.

ART. 65

L'emploi du fumier sur les terres, autres que le compost à blé, est déterminé par les besoins de chaque partie de la culture. Pour les terres écalées, le fermier n'est soumis qu'à l'obligation de les fumer convenablement. Lorsqu'elles sont louées à un locataire qui exploite un corps de ferme, elles n'ont droit aux fumiers qu'autant que les récoltes qui en proviennent sont engrangées et consommées sur cette ferme, et cela, proportionnellement à leur étendue et à leur culture.

ART. 66

En cas de partage d'une ferme ou de sa vente en détail, les fumiers doivent être attribués pour 3/5 au compost à blé ; pour 1/5 aux terres ayant produit du blé depuis deux ans ; pour 1/10 aux bléris fumés depuis un an et 1/10 aux masures et herbages.

ART. 67

Indépendamment de l'emploi des fumiers, le fermier, possédant des moutons, est obligé de les faire parquer sur les terres de sa ferme.

ART. 68

Le marnage des terres est en usage dans le département ; il est appliqué selon la nature du sol et généralement on l'emploie tous les vingt à vingt-cinq ans ; il doit faire l'objet d'une convention entre le bailleur et le preneur (1).

Celui qui veut percer un puits pour extraire de la marne doit, sous peine d'amende, en obtenir l'autorisation du préfet. Cette mesure est d'ordre public.

Entretien et Réparations

ART. 69

Outre les réparations locatives résultant de l'article 1754 du code civil et celles énumérées à l'article 18 ci-dessus, le fermier est encore tenu de réparer et d'entretenir : 1º les murailles de tous les bâtiments de service et d'exploitation

---

(1) La quantité de marne à donner par hectare ne pouvant être précisée à cause de la composition du sol, on peut dire cependant qu'elle varie entre 200 et 400 hectolitres.

jusqu'à 1 mètre de hauteur, tant à l'extérieur qu'à l'intérieur ; 2° les mangeoires, râteliers, porte-harnais, établis,
lits et autres ustensiles garnissant les écuries et les étables ;
3° les garde-grains et tout ce qui, dans une grange, peut être
considéré comme dégradation sur toute la hauteur du corps
carré des murailles intérieures ; 4° les aires de tous les bâtiments, fussent-elles pavées, ainsi que celles des greniers et
des granges. Lorsque les aires sont planchéiées, le fermier
est aussi tenu aux réparations de menu entretien.

ART. 70

Il est tenu aussi à la réparation des ustensiles du pressoir.

ART. 71

Les réparations au four que le fermier est obligé de faire
sont : celles du pavage, de la motte à l'extérieur et à l'inté
rieur et de la fermeture de la bouche.

ART. 72

En l'absence de toute convention, l'usage oblige le fermier
à faire aux couvertures en paille toutes les réparations d'entretien, lorsque la ferme produit elle-même des pailles.

Dans l'arrondissement d'Yvetot, le fermier doit en outre
faire un dix-huitième (1/18) de couvertures neuves, en four-
nissant à ses frais tous les accessoires. Exception est faite
pour les 4 communes du canton de Caudebec-en-Caux (Rive
gauche de la Seine) où un vingtième (1/20) de couvertures
neuves est jugé suffisant.

ART. 73

Les réparations aux couvertures, autres que celles en
paille, sont à la charge du fermier, lorsque ces réparations
n'excèdent pas 1 mètre carré à chaque endroit endommagé.

ART. 74

Lorsque le fermier est tenu de faire par année un nombre
déterminé de mètres de couvertures en paille, l'épaisseur est
de 30 à 33 centimètres, bien liée et serrée. Le fermier doit,
en outre, fournir les accessoires nécessaires tels que gaulet-
tes, pleyons, ronces, clous et lattes. Le chevron est toujours à
la charge du propriétaire.

ART. 75

Lorsque l'obligation imposée au fermier consiste à fournir un nombre déterminé de gerbées, le poids ou la circonférence est déterminé par l'usage. La circonférence doit être de 1 mètre 50. Le poids de 12 à 14 kilogrammes.

ART. 76

Le fermier doit encore réparer et entretenir les barrières et palis, les échelles, les marches des montées, les crémaillères des greniers, dites casse-cou et les perchis. Il est exonéré de toutes ces réparations lorsqu'elles résultent de vétusté.

ART. 77

Le fermier doit entretenir, lier et tondre les haies vives ordinaires une fois par an, du 15 juin au 15 juillet. Il est tenu de les serfouir au pied, au printemps. Il doit aussi entretenir les haies de pied et les élaguer tous les trois ans ; pour les haies sèches, il doit les maintenir sans vides et bien liées. Pour les clôtures ou barrages, soit en fil de fer, soit en bois, il doit la réparation des fils brisés et le remplacement des barres manquantes, sauf vétusté. Il est également tenu de réparer aux murs de clôture les dégradations provenant de son fait.

ART. 78

Le fermier est aussi tenu de serfouir les jeunes arbres fruitiers des masures et herbages tous les trois ans (1), et de remplacer ceux qui meurent ou sont abattus par le vent, lorsqu'il profite de leur tombe. Il doit armer les entes plantées par lui dans les masures et herbages et entretenir l'armature de celles plantées par le propriétaire. Le fermier sortant doit laisser les entes armées.

ART. 79

L'ébranchage des arbres de haute-futaie appartient au fermier qui doit relever les fossés en talus, en dedans et en dehors, sans en diminuer l'épaisseur. Les coupes doivent être égales, autant que possible, et être menées par neuvième, sans anticipation d'une coupe sur l'autre.

---

(1) On considère comme jeunes arbres fruitiers tous ceux qui ont moins de 20 ans.

ART. 80

Il est encore tenu chaque année dans les masures, herbages et prairies d'arracher les mauvaises plantes, telles que ronces, orties, chardons, épines et autres.

ART. 81

Le fermier est obligé à la réparation des chemins ou chaussées servant spécialement à l'exploitation de la ferme. Le curage des mares, rivières, canaux, fossés et rigoles qui traversent ou longent ses terres est à sa charge.

ART. 82

Il est d'un usage général, mais non obligatoire, que le fermier fournisse la boisson aux ouvriers qui travaillent pour le bailleur aux bâtiments de la ferme. Il retient, en compensation, les copeaux des bois et les rognures des vieux bois sans emploi possible.

ART. 83

Lorsque le fermier est obligé à faire des charriages pour le compte du bailleur, ces charriages ne peuvent s'arrérager. Il en est de même pour les fournitures et faisances.

ART. 84

Toutes les réparations locatives doivent être faites pour le jour de la sortie, soit à la Saint-Michel, soit à Noël.

Néanmoins, si le fermier sortant fait avant l'expiration de sa jouissance les réparations aux bâtiments qu'il doit délivrer au fermier entrant, il est en droit avant la prise de possession de ce dernier, d'en exiger la réception par le propriétaire.

Pour les bâtiments que l'usage autorise le fermier sortant à conserver après l'expiration du bail, les réparations locatives peuvent n'être faites qu'au moment de la remise de ces bâtiments.

Le fermier après sa sortie perd le droit de faire lui-même ses réparations ; elles sont alors estimées et le prix fixe est payé par lui.

La réparation des haies peut être faite jusqu'au 15 avril.

L'usage donne au propriétaire une année de recours contre le fermier pour le défaut des réparations locatives restant à faire.

Rapports entre le Fermier entrant et le Fermier sortant

Bâtiments à livrer au Fermier entrant

ART. 85

Le fermier entrant, lorsqu'il a une culture préparatoire à faire, a droit à un logement provisoire pour lui, ses domestiques et ses chevaux.

ART. 86

Le logement qui doit être délivré au fermier entrant, comme logement personnel, est le four ou une chambre à feu dans la maison, à défaut de four. Le fermier sortant conserve le droit de cuire au four, même lorsqu'il l'a livré comme logement au fermier entrant. L'un et l'autre doivent se prévenir deux jours à l'avance de leur intention de cuire. Ce droit est d'un jour par semaine au plus.

ART. 87

Le fermier entrant a droit à une écurie pour loger les chevaux qui lui sont nécessaires pour sa culture. Il doit lui être délivré la plus petite écurie, s'il y en a deux, et, s'il n'y en a qu'une, un nombre suffisant de places dans celle-ci. Si la petite écurie ne peut suffire, si les places vides de la grande sont insuffisantes, si enfin la seule écurie est prise en entier par les chevaux du fermier sortant, celui-ci est obligé de lui fournir une étable, une bergerie ou tout autre bâtiment convenable et suffisant.

ART. 88

Le logement provisoire doit être délivré à la Saint-Jean qui précède la sortie lorsque les baux commencent à la Saint-Michel.

ART. 89

Le fermier entrant peut, avant l'époque de son entrée en jouissance, apporter dans les bâtiments des grains, pailles et fourrages, mais il ne doit y introduire que ce qui est nécessaire à la nourriture des chevaux employés aux travaux préparatoires.

ART. 90

Il peut exiger la paille qui lui est nécessaire pour la litière seulement de ses chevaux, mais non pour leur nourriture. Il a droit pour la litière à une botte de paille de 5 kilog. par jour et par cheval.

ART. 91

Les bâtiments qui doivent encore être délivrés au fermier entrant sont la moitié des greniers à grains, les deux tiers des greniers à fourrages et la moitié des granges et battières, et il pourra prendre possession de tous les bâtiments, si le fermier sortant enlève sa récolte.

ART. 92

Le fermier entrant a droit aussi à une portion de cellier, ou à un cellier, s'il y en a plusieurs, pour y mettre la provision de cidre nécessaire à sa consommation pendant ses travaux préparatoires.

ART. 93

Il a également droit, dès l'année qui précède son entrée en jouissance, au pressoir et à une portion de cellier, ou à un cellier, s'il y en a plusieurs.

ART. 94

Il a encore droit à un tiers des charreteries et bûchers.

ART. 95

Partout il a droit à la jouissance en commun avec le fermier sortant des puits, citernes et mares, et, une fois la semaine, au fourneau de la buanderie, s'il en existe une, et si cette dernière est indépendante de la maison d'habitation.

ART. 96

Les bâtiments que le fermier sortant peut conserver après la cessation de sa jouissance sont les mêmes que ceux qu'il avait livrés par anticipation au fermier entrant, soit pour son logement et celui de ses domestiques, soit pour le logement des chevaux qui doivent enlever ses dernières récoltes. Il n'a aucun droit lorsqu'il a vendu ses récoltes.

ART. 97

Pour les fermes dont la jouissance expire à Saint-Michel, le fermier sortant a droit au tiers des granges pour les récoltes qu'il aura conservées.

ART. 98

Il peut conserver ces bâtiments jusqu'au 31 mars.

ART. 99

Il a aussi droit aux mares, puits et citernes, tant qu'il conserve son logement personnel et ceux de ses chevaux.

ART. 100

La dernière année de sa jouissance, le fermier sortant a le droit de faire des meules de grain sur les terres de la ferme qui ne doivent point être cultivées avant l'hiver par le fermier entrant ; il peut les conserver jusqu'au 1er Mars.

ART. 101

Le fermier entrant et le fermier sortant ont droit chacun à une clef des portes extérieures des cours ou masures, l'un du jour de la prise de possession de son logement provisoire, et l'autre jusqu'au jour de sa sortie définitive.

Travaux préparatoires de culture

ART. 102

Le fermier entrant peut, avant son entrée en jouissance, venir faire les labours pour sa première récolte conformément aux articles 116 et 117 ci-après, et son prédécesseur doit, à cet effet, laisser les fumiers à sa disposition.

Le fermier sortant ne peut disposer d'aucune partie de ses fumiers, si ce n'est pour son compost à blé.

Il peut encore en porter sur les terres qu'il doit charger en lin, pois, vesce, betteraves ou pommes de terre, lorsque ces récoltes sont cultivées sur la sole à blé ou à colza de son successeur.

Le fermier sortant peut disposer de la colombine ou fumier des volailles jusqu'à la fin de sa jouissance.

ART. 103

Lorsque la jouissance a lieu le 29 septembre, le fermier entrant a droit, avant son entrée, de labourer toutes les terres dépouillées de leurs récoltes, les jachères franches, les jachères de trèfle incarnat, les terres de colza, de lin, pois, vesce ou seigle.

ART. 104

Le fermier sortant doit donner un labour aux terres dépouillées de récoltes avant la Saint-Jean. Les labours exigés doivent toujours être hersés.

ART. 105

Les terres nues appartiennent au fermier entrant à partir du 24 Juin.

ART. 106

Sur les pâtis de trèfle ordinaire, il peut donner son labour, 1/3 au 10 septembre, 1/3 au 20 septembre et 1/3 à la Saint-Michel. Ces parties seront désignées 8 jours d'avance par le fermier sortant et devront être autant que possible d'un seul tenant.

ART. 107

Le fermier entrant pourra labourer les terres en colza, pois, vesce, seigle, lin, etc., huit jours après l'enlèvement de la récolte.

ART. 108

Le fermier entrant a droit, avant son entrée en jouissance, de semer du trèfle, de la minette ou autres graines de prairie artificielle dans les terres du fermier sortant semées en avoine et en orge, et aussi dans les blés lorsque l'assolement est biennal.

ART. 109

Le trèfle violet et autres graines de prairie artificielle peuvent être semés sur le 1/6 de la totalité des terres en culture. Ce semis doit être fait dans les avoines et orges au moment des semailles de ces grains ou dans les jours qui suivent. Ils ne pourront être enterrés par un hersage et un roulage que si ce travail peut être fait dans les huit jours qui suivent l'ensemencement de la céréale.

ART. 110

La minette entre dans le même compost que le trèfle qu'elle remplace ou accompagne, tous les usages constatés pour celui-ci s'appliquant à celle-là.

ART. 111

Le fermier sortant est tenu de prévenir au moins 48 heures à l'avance le fermier entrant du moment où il doit donner son dernier hersage dans les Mars.

ART. 112

Le fermier sortant ne peut faire pâturer les semis de trèfle faits par le fermier entrant.

Enlèvement des dernières récoltes

ART. 113

Le fermier sortant a droit de récolter une pousse de trèfle et il ne pourra faucher deux fois à la même place.

ART. 114

Le fermier sortant ne peut conserver plus de 1/10 de son trèfle ordinaire pour en avoir la graine.

Le trèfle en graine devra être enlevé le 15 octobre au plus tard.

ART. 115

La quantité de trèfle incarnat que peut faire le fermier sortant n'est pas limitée. Il est d'usage seulement que la terre soit débarrassée de cette récolte à la Saint-Jean au plus tard.

Le fermier sortant doit le couper en vert pour le faire consommer sur la ferme ou le faire pâturer sur place par ses bestiaux.

ART. 116

Le pâturage des masures, herbages, prairies artificielles, trèfles et minettes appartient au fermier sortant, jusqu'à l'expiration de sa jouissance.

ART. 117

Lorsque la fin de jouissance a lieu à Saint-Michel, le fermier sortant peut, après cette époque, faire la récolte des racines et fruits non encore arrivés à maturité tels que pommes de terre, betteraves, carottes, navets et autres. Les feuilles des racines appartiennent au fermier sortant. Ces récoltes qui se trouvent sur la sole à blé doivent être enlevées au plus tard le 20 octobre.

Pour celles qui se trouvent sur les autres terres, elles devront être enlevées au plus tard à Noël.

ART. 118

Pour la récolte et l'enlèvement des poires et pommes à piler, le fermier sortant doit attendre la maturité et enlever dès qu'elle est arrivée. La récolte devra être achevée au 1er Novembre et l'enlèvement à Noël.

ART. 119

Le fermier sortant a le droit de recueillir les fruits qui tombent pendant la nuit, tels que pommes et poires de quéte, dites de grouée, et la cueillette doit en être faite avant huit heures du matin.

Le fermier entrant doit, de son côté, embricoler ses bestiaux afin qu'ils ne puissent atteindre aux branches des arbres et les retirer la nuit.

ART. 120

Le fermier sortant, dont la jouissance expire à Saint-Michel, a un délai pour enlever ses légumes d'hiver, ses plantes vivaces, ses arbres et arbustes. Il est référé à l'article 4 ci-dessus, lequel le concerne également.

Parcage du troupeau et vente des animaux

ART. 121

Le fermier sortant est obligé de faire parquer ses terres par son troupeau entier, pendant la dernière année de sa jouissance aux mêmes époques et de la même manière que les autres années du bail. Le parcage doit se faire jusqu'à la sortie ou jusqu'à l'époque de la vente des moutons. Il lui est permis de vendre la moitié de son troupeau à partir du 1er Août ; il doit conserver l'autre moitié jusqu'au 15 Septembre.

ART. 122

Le fermier sortant doit parquer les terres du compost à blé et celles destinées à recevoir du colza et du blé ensuite, sans avoir droit de parquer deux fois à la même place.

ART. 123

Le parc et la cabane du berger doivent être fournis par le fermier sortant. Le parc doit être changé deux fois par jour par périodes égales, matin et soir.

ART. 124

Le fermier entrant ne peut amener son troupeau sur les terres de la ferme avant la sortie de son prédécesseur.

ART. 125

Le fermier sortant peut vendre ses bestiaux, 1/4 à la Saint-Jean, 1/4 au 31 Août et le reste au 15 Septembre.

CHAPITRE V

De la Location des Prairies, Herbages et Vergers

ART. 126

Pour les prairies et herbages non plantés, la location a lieu à Noël.

Cette location se fait à l'année.

ART. 127

Pour les vergers ou masures plantés, sans maison d'habitation, l'entrée en jouissance est fixée à Noël. La location se fait aussi à l'année.

ART. 128

Les termes de paiement pour les prairies, herbages et masures ou vergers sans maison d'habitation sont Saint-Jean et Noël.

Le dernier terme est exigible trois mois avant son échéance.

ART. 129

Les prairies irriguées peuvent être fauchées deux fois par an, sans qu'il y ait obligation de les fumer.

Les prairies non irriguées ne pourront être fauchées qu'une fois l'année et devront être engraissées au moins une fois tous les trois ans.

L'obligation de fumer n'existe pas pour les prairies non fauchées.

ART. 130

Le congé n'est pas nécessaire pour les prairies et herbages non plantés ; on se conforme à l'article 1774 du code civil.

Pour les vergers ou masures, l'usage s'est établi de donner congé six mois d'avance quand la location verbale s'est continuée après la première année de jouissance.

CHAPITRE VI

De la Location des Bois-Taillis, Oseraies, Joncs-Marins et Bruyères

ART. 131

Les bois-taillis s'exploitent ordinairement à neuf ans, parfois à douze, quinze ou dix-huit ans, selon la qualité du sol. Les aménagements s'en font par coupes égales au nombre de ces périodes.

A moins de convention particulière, le fermier devra conserver et exploiter les coupes telles qu'elles existaient à son entrée en jouissance.

ART. 132

Les oseraies sont exploitées tous les ans du 10 Novembre au 1er Mars. Les plants doivent être nettoyés de plantes parasites, chaque année, par le fermier.

Par exception, quand ils sont utilisés pour le chauffage, on les coupe tous les trois ou quatre ans, ainsi que les saules et les aulnes.

ART. 133

Les joncs-marins, bruyères, genêts, se coupent tous les trois ans de Novembre à fin Mars.

ART. 134

L'époque pour l'entrée en jouissance pour les bois-taillis, oseraies, joncs-marins, bruyères et genêts est fixée à Saint-Michel.

Les termes de paiement des loyers sont généralement Pâques et Saint-Michel,

Pour les bois-taillis, le dernier terme doit être payé avant l'enlèvement de la coupe et trois mois avant l'expiration du dernier terme.

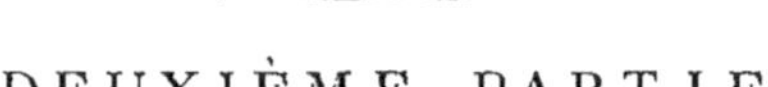

DEUXIÈME PARTIE

CHAPITRE PREMIER

Aménagement des Bois

§ 1er. — Bois-Taillis

ART. 135

Tous les bois au-dessous de trente ans sont réputés taillis (art. 60 de la loi du 3 frimaire an VII).

L'usage général dans l'arrondissement, sauf conventions particulières, fixe à neuf ou douze ans la coupe du bois-taillis.

Lorsque les bois sont d'une grande étendue, ils peuvent être aménagés à quinze, dix-huit, vingt-quatre et même trente ans, selon la nature du sol.

La coupe doit se faire, tant pour l'usufruitier que pour le fermier, suivant l'ordre et l'âge adoptés par le propriétaire.

Pour les bois non encore aménagés, elle doit se faire à neuf ans et par neuvième chaque année.

ART. 136

La coupe doit se faire après la chute des feuilles et avant la montée de la sève (excepté pour les chênes destinés à faire du pelard), c'est-à-dire du premier novembre jusqu'au 15 avril.

La coupe blanche avec la serpe ou la hache, au ras de la souche, est seule admise pour l'exploitation des taillis.

L'essouchage est interdit.

ART. 137

Les bois provenant de la coupe de l'année doivent être enlevés ou mis en parc au 15 avril.

ART. 138

L'élagage des taillis n'est pas en usage dans l'arrondissement, excepté dans les cantons de Caudebec et Yvetot.

Il se fait à six ans à Caudebec, et à Yvetot sans âge réglé, mais pas avant que la coupe ait atteint au moins deux ans et par l'usufruitier seulement.

ART. 139

L'usage de faire du pelard existe dans la majeure partie des cantons.

Le pelard doit se faire du 15 avril au 15 juin et l'enlèvement des écorces doit avoir lieu dans la quinzaine qui suit la façon.

ART. 140

L'usufruitier ne peut invoquer l'usage de faire du pelard pour les bois qui n'y étaient pas soumis par le propriétaire.

ART. 141

On doit laisser dans les taillis des baliveaux de graine ou, à défaut, de souche en nombre suffisant pour qu'avec les anciens il y en ait 40 par hectare.

Les baliveaux doivent être de l'âge de la coupe, d'essence de chêne, ou, à défaut, d'orme, hêtre, bouleau, tremble, merisier et frêne. Ils doivent être espacés à peu près également.

ART. 142

Il est interdit d'introduire des bestiaux pour le pâturage dans les bois-taillis, quel que soit leur âge.

§ II. — Haute-futaie

ART. 143

Les arbres de haute-futaie, qu'ils soient sur des fossés en élévation ou plantés en massif ou en avenue, ne sont soumis à aucune coupe réglée ; par suite l'usufruitier n'y a aucun droit.

ART. 144

Si les bois de haute-futaie soumis à un usufruit sont aménagés par coupes réglées, celles-ci auront lieu à coupe blanche ou à coupe noire (autrement dit en déracinant) dans les bois-taillis ; à coupe blanche jusqu'à soixante ans, et en déracinant les autres arbres plus âgés. Sur les fossés, ils doivent toujours être déracinés.

Les trous doivent être rebouchés immédiatement et les fossés relevés et rabattus de manière à être en bon état.

§ III. — **Produits annuels ou périodiques des arbres**

ART. 145

Les produits annuels sont l'émondage (1) et l'enlèvement du bois sec dans les arbres soit fruitiers, soit forestiers ; l'usage à cet égard est général.

ART. 146

Les produits périodiques sont l'élagage et l'ébranchage. Ils sont en usage dans tous les cantons, sauf pour les arbres résineux et les arbres d'agrément qui n'y sont pas soumis.

Ils se règlent comme suit :

1º Pour les arbres dans les taillis en même temps que la coupe du taillis ;

2º Pour les arbres dans les haies à pied, en même temps que la coupe des haies ;

3º Pour les arbres sur les fossés, en avenue, en massif ou isolés, tous les neuf ans, sauf pour les jeunes plantations au dessous de 20 ans, dont l'ébranchage a lieu tous les trois ans.

ART. 147

Les arbres ne doivent jamais être ébranchés en entier ; on doit laisser intacte une cime ou copeau du quart au moins de la hauteur de l'arbre.

Les têtards seuls s'ébranchent entièrement.

L'ébranchage doit avoir lieu en hiver, à la même époque que la coupe des taillis, du 1er novembre au 15 avril.

CHAPITRE II

Arbres des Pépinières

ART. 148

Les arbres des pépinières sont propres à être transplantés, savoir :

---

(1) Cette opération consiste à enlever les menues branches des principales tiges et les tiges rampantes.

Les arbres fruitiers lorsqu'ils ont atteint la grosseur de 12 à 15 centimètres (33 centimètres au-dessus du sol) ou après deux ou trois ans de greffe.

Et les arbres forestiers ou de rivière, lorsqu'ils ont 15 centimètres de grosseur et 2 mètres 50 de hauteur.

ART. 149

Le remplacement des arbres est exigé par l'usage, s'il s'agit de pépinières créées par spéculation, mais il ne l'est pas s'il s'agit seulement de pépinières créées pour le remplacement des arbres de la propriété.

L'usufruitier est tenu de remplacer le plan enlevé lorsque la pépinière existait à l'ouverture de l'usufruit, mais il en est dispensé lorsqu'elle a été créée par lui.

CHAPITRE III

Plantations

ART. 150

Le règlement du 17 août 1751 de la coutume de Normandie exige que les pommiers et les arbres de haute-futaie soient p'antés à 2 mètres 33 (7 pieds) du fonds voisin. Il en est de même pour les arbres de haut jet plantés sur les fossés (art. 5 et 6).

Les prescriptions de cet arrêt de règlement sont observées dans tous les cantons.

ART. 151

Dans les propriétés closes de murs l'usage exige la même distance pour les arbres fruitiers, sauf en ce qui concerne les espaliers et les arbres qui ne dépassent pas la hauteur des murs de clôture.

ART. 152

La distance de 2 mètres 33 pour les plantations d'arbres de haut jet doit être observée quelle que soit la nature des héritages, sauf l'exception qui suit :

Entre terrains vagues, elle est de 1 mètre 16 dans tout l'arrondissement.

3

ART. 153

Les arbres plantés sur des fossés existant entre masures, herbages ou terrains vagues et dans les haies servant de séparation des dits herbages et masures, doivent être plantés à la distance de 1 mètre 16. (Articles 10 et 14 du règlement de 1751).

ART. 154

Pour les arbres aquatiques la distance de 2 mètres 33 doit être observée.

ART. 155

Le jonc-marin doit être plante à 1 mètre du voisin et le bois-taillis à 2 mètres 33 lorsqu'il n'y a pas de fossé de séparation et à 1 mètre 66 lorsqu'il y a un fossé.

Lorsque le bois-taillis est proche du taillis du voisin, il est permis de planter jusqu'à l'extrémité de son terrain. (Article 9 du règlement de 1751).

ART. 156

Pour les plantations le long des chemins vicinaux, la distance à observer est de 2 mètres pour les arbres fruitiers, 1 mètre pour les arbres de haut jet ou forestiers, et de 50 centimètres pour les bois-taillis et joncs-marins. (Article 184 du règlement préfectoral du 17 juillet 1872).

La distance des arbres entre eux ne peut être inférieure à 5 mètres.

ART. 157

Pour les plantations le long des chemins de halage, la distance à observer du côté opposé de la rivière est de 3 mètres 33. (Ordonnance de 1669, titre XXVIII, article 7, encore en vigueur).

ART. 158

Les distances ci-dessus doivent être observées pour toutes les natures de plantations, même lorsque les propriétés sont séparées par une voie publique.

CHAPITRE IV
Clôtures

§ Ier. — Fossés

ART. 159

Il existe dans l'arrondissement deux genres de fossés : le fossé en élévation qu'on appelle aussi levée ou banque de

-terre, sur lequel on plante généralement des arbres de haute-futaie, et le fossé en creux tel qu'il est expliqué à l'article 666 et suivants du code civil.

ART. 160

Les fossés en élévation ne peuvent être placés à fin d'héri-tage qu'à une distance de 33 centimètres entre le pied du fossé et la terre voisine. La hauteur et la largeur ne sont pas déterminées. •

ART. 161

Les anciens fossés, actuellement plantés de grands arbres ne peuvent être replantés qu'à la distance réglementaire, c'est-à-dire à 7 pieds (2 m. 33) du fonds voisin, à l'exception des fossés étant entre herbages, masures et terres vagues, où ils pourront être réparés et replantés dans les distances où étaient les arbres abattus sur les anciens fossés ; sauf au voisin à contraindre de les élaguer en tant que les branches pourraient s'étendre sur son terrain (article 14 du règlement du Parlement de Normandie de 1751).

ART. 162

Les fossés en creux n'ont pas de dimension fixe. Leur distance du fond voisin est fixée à 50 centimètres, et si la terre voisine est en labour à 66 centimètres. Il doit être fait en talus du côté du voisin (article 13 du même règlement). D'après l'usage ce talus doit avoir 45 degrés, c'est-à-dire un mètre de base par chaque mètre de hauteur.

§ II. — Haies vives

ART. 163

Les haies vives doivent être plantées à 50 centimètres du terrain voisin. (Articles 10 du règlement de 1751 et 671 du code civil).

Quant aux haies sèches, lisses et barrages, ils peuvent être élevés à fin d'héritage ; les nœuds doivent être faits du côté du propriétaire de la haie.

Néanmoins les barrages en ronce artificielle reconnus comme dangereux doivent être plantés à 50 centimètres du voisin.

ART. 164

La hauteur des haies est fixée à 1 mètre 66 dans l'arrondis-sement d'Yvetot.

ART. 165

L'épaisseur maxima des haies vives est de 33 centimètres.

ART. 166

Les haies vives doivent être tondues 1 fois par an, du 15 juin au 15 juillet.

ART. 167

Les propriétaires d'une haie mitoyenne sont tenus de l'entretenir en bon état de clôture, chacun de son côté, et aucun d'eux ne peut y laisser croître des baliveaux ou grands arbres.

Chaque propriétaire peut aussi entretenir la moitié de la longueur, des deux côtés, selon la convention amiablement formée.

§ III. — **Murs de clôture**

ART. 168

L'usage permet au propriétaire qui bâtit un mur de construire à fin d'héritage, mais à la condition que ce mur n'aura ni chaperon, ni larmier du côté du voisin.

Dans le cas où il y aurait un larmier ou chaperon, on doit laisser un espace de 33 centimètres de l'extrémité du larmier.

ART. 169

La hauteur des murs de clôture n'est pas fixée par l'usage. Par suite on doit se conformer à l'article 663 du code civil qui dit, qu'à défaut d'usages constants et reconnus, tout mur de séparation entre voisins doit avoir au moins 3 mètres 20 de hauteur, compris le chaperon, dans les villes de 50,000 âmes, et 2 mètres 60 dans les autres.

CHAPITRE V

Constructions susceptibles de nuire au voisin

Cheminées

ART. 170

Lorsqu'une cheminée est adossée contre un mur en maçonnerie, mitoyen ou non, il n'y a pas de distance à observer.

Si le mur est construit en bois, il faut un contre-mur à une distance de 22 centimètres.

ART. 171

Lorsqu'on construit une cheminée dans une maison moins élevée que la maison voisine, on est obligé d'élever cette cheminée jusqu'à 1 mètre au-dessus du comble de cette dernière maison.

Si de deux maisons, primitivement de la même hauteur, l'une est surélevée, le propriétaire de celle-ci n'est pas tenu d'exhausser les cheminées de la maison contiguë qui conserve sa hauteur primitive.

Citernes et Fosses d'aisances

ART. 172

Pour la construction d'une citerne ou d'une fosse d'aisances, l'article 613 de la coutume de Normandie exige un contre-mur de 1 mètre d'épaisseur près d'un mur mitoyen ou non et l'article 674 du code civil renvoie aux règlements et usages particuliers sur ces objets.

La nécessité d'un pareil contre-mur n'est pas reconnu par l'usage en ce qui concerne les caves, mais elle l'est en cas de construction d'une fosse à fumier ou d'un cloaque.

L'usage ne fixe pas les matériaux à employer, quoique l'article 613 de la coutume dise que le contre-mur doit être fait à pierre, chaux et sable, il suffit que toute atteinte à la propriété voisine soit empêchée et qu'il n'y ait aucune infiltration.

Si le puits, la citerne, la fosse d'aisances ou la fosse à fumier ne joint pas le mur du voisin, il faut néanmoins bâtir un contre-mur si la propriété voisine peut souffrir un dommage, à moins qu'il n'y ait une distance de 2 mètres entre le puits ou la fosse d'aisances et la propriété voisine.

Forges, Fours et Fourneaux

ART. 173

Pour une forge, four ou fourneau contre un mur mitoyen, l'article 614 de la coutume est resté en vigueur, à titre d'usage. On doit laisser 17 centimètres (un demi-pied) de vide d'intervalle entre deux. De plus le mur de la forge, du four ou fourneau, doit être en maçonnerie et avoir 33 centimètres (1 pied) d'épaisseur.

La hauteur de ce mur dans l'arrondissement d'Yvetot doit avoir la hauteur de l'étage où sont placés les fours ou forges.

Ecuries et Etables

ART. 174

. Lorsqu'on bâtit une écurie ou une étable contre un mur mitoyen ou non, la construction d'un contre-mur en maçonnerie est obligatoire. L'épaisseur la plus généralement admise est de 33 centimètres et la hauteur ne doit pas être moindre que celle du mur voisin.

Magasin de sel et matières corrosives

ART. 175

Pour les magasins de sel et autres matières corrosives, il est d'usage d'établir un contre-mur contre le mur mitoyen ou non. L'épaisseur de ce contre-mur est de 33 centimètres, sa hauteur et sa longueur celles des magasins eux-mêmes.

CHAPITRE VI

Larmier. — Tour d'échelle. — Fruits tombés sur le voisin

ART. 176

Le larmier est une servitude d'égout, et son existence ne peut faire supposer, à celui à qui il appartient, la propriété du terrain sur lequel il s'étend.

Sa largeur pour les couvertures en paille est de 50 à 66 centimètres.

Pour les couvertures en ardoises ou en tuiles, elle est de 30 à 40 centimètres.

La servitude d'égout ou de gouttière est une servitude continue et apparente qui peut s'acquérir par titre ou par la prescription de 30 ans. (Article 690 du Code civil).

ART. 177

Le tour d'échelle est une servitude qui ne s'établit que par titre ; son étendue est de 1 mètre à partir de la paroi extérieure du mur.

ART. 178

Les fruits tombés naturellement des branches des arbres du voisin appartiennent à celui sur la propriété duquel avancent ces branches. (Loi du 20 août 1881).

CHAPITRE VII

Maturité des Fruits au point de vue de la saisie brandon

ART. 179

L'époque à laquelle commencent les six sema'nes qui précèdent la matur'té des fru'ts est fixée au 15 Juin pour toutes les récoltes.

ART. 180

Pour les fruits pendant par branches ou par racines, elle commence le 1er Septembre, sauf pour les fruits à noyau où elle commence le 24 Juin.

CHAPITRE VIII

Glanage

ART. 181

L'usage de glaner existe dans toutes les communes de l'arrondissement de temps immémorial.

Le glanage consiste à ramasser à la main les épis de blé, de seigle et d'orge dans les champs non clos. Il ne peut être exercé que par les indigents depuis le lever jusqu'au coucher du soleil et après l'enlèvement entier de la récolte.

ART. 182

Le glanage est réglementé par deux arrêtés du Parlement de Normandie en date des 20 Juillet 1741 et 21 Juillet 1749, lesquels ont toujours force de loi et sont observés aujourd'hui.

Dans un grand nombre de cantons il se fait sous la surveillance du garde-champêtre.

ART. 183

Le ratelage appartient au propriéta're ou fermier ; il n'est jamais permis aux indigents.

ART. 184

Le propriétaire ou fermier ne peut envoyer pâturer ses bestiaux dans le champ dépouillé de sa récolte que vingt-quatre heures après l'enlèvement de celle-ci sous peine de 20 fr. d'amende au profit des pauvres de la commune. (Arrêté du 20 Juillet 1741 cité plus haut).

CHAPITRE IX

Parcours. — Vaine pâture

ART. 185

Le parcours et la vaine pâture n'existent pas dans l'arrondissement d'Yvetot.

ART. 186

Le droit de pâturage existe dans la forêt de Brotonne au profit des usagers des communes situées sur la rive gauche de la Seine.

CHAPITRE X

Limites des Terres en rideau ou talus (1).

Bornage. — Anciennes mesures

ART. 187

L'usage pour les terres en rideau ou talus, attribue la pro_priété des talus au sol inférieur, sauf titres ou possession contraires,

---

(1) On rencontre souvent, surtout vers la base des côteaux, des propriétés séparées par un talus assez rapide représentant une inclinaison de 45 degrés ct même plus, c'est ce qu'on désigne par la dénomination de terres en rideau.

Les bornes doivent être plantées en contre-bas de la crête du talus à une distance de 50 centimètres.

ART. 188

Le bornage est obligatoire et ne peut être refusé par le voisin, malgré l'existence de pieds corniers, d'un divis en terre ou autres signes de séparation ayant constitué une délimitation.

Les bornes sont généralement en pierre calcaire, grès ou silex, et sont enfoncées à une profondeur qui varie de 25 à 35 centimètres avec sommet de 15 à 20 centimètres au-dessus du sol. Des fragments de tuiles, de poterie, de verre brisé, du déchet de forge, que l'on nomme témoins, sont placés dessous pour leur donner un caractère probant.

ART. 189

Les anciennes mesures locales étaient l'acre, la vergée (quart de l'acre), la perche. L'acre se composait de 160 perches et comprenait diverses mesures.

Ces anciennes mesures se trouvant encore énoncées dans des partages sous-seing, il est utile de les indiquer ici à titre de renseignement.

Tableau comparatif des anciennes mesures :

	ACRE	VERGÉE	PERCHE
Mesure de Rouen, Yvetot. etc...	56 a, 75 c	14 a, 19 c	35 m, 47 c
— d'Arques	63 66	17 17	42 90
— d'Eu	75 05	18 76	46 90
— de Neufchâtel	81 72	20 43	51 »

CHAPITRE XI

Marchés

ART. 190

Le marché est définitif par le seul accord sur le prix dans les ventes de bestiaux, sans qu'il soit nécessaire que la livraison ait lieu immédiatement.

ART. 191

La vente des grains dans les marchés se fait exclusivement au poids.

ART. 192

La vente des pommes à cidre a lieu au poids ou à la mesure d'un hectolitre ou d'un demi-hectolitre. La livraison s'en fait généralement chez le vendeur à moins de convention contraire. Les mesures anciennes, telles que la rasière, qui correspond au demi-hectolitre, sont de moins en moins employées et elles ne sont plus admises dans les marchés.

ART. 193

Le beurre est vendu au kilo ou au demi-kilo.

Les œufs sont vendus à la douzaine 13 pour 12 ou au demi-quarteron, sauf à Caudebec et à la Mailleraye, où on les vend à la douzaine sans addition.

Les huîtres sont vendues à la douzaine ou au cent sans addition.

ART. 194

La vente des pailles et des fourrages se fait en bottes et au cent. Le poids en est très variable et doit être déterminé par la convention des parties.

A Caudebec, le foin est vendu au marché à la quarre de 22 bottes. Celui vendu dans les communes de la rive gauche de la Seine doit se livrer aux frais du vendeur sur les quais de Caudebec.

ART. 195

Les fagots, bourrées et cotrets se vendent au cent, au demi-cent, au quarteron ou au mille et se livrent sur le pied de 104 pour cent.

ART. 196

Le bois de chauffage, autre que les fagots, bourrées et cotrets, se vend au stère ou à la corde, sans addition de mesure.

Le stère représente en mesure ancienne 13 marques 70 centièmes.

La corde est de 24, de 30 ou de 42 pouces de largeur sur une longueur de 8 pieds anciens et de 4 pieds de hauteur.

CHAPITRE XII

Louage d'ouvrage

Ier — Domestiques attachés à la personne

ART. 197

L'usage considère comme attachés au service de la personne tous les domestiques qui ne sont point attachés à la culture des terres ou au service d'une exploitation, et dont le service a lieu à l'intérieur de la maison, tels sont les domestiques proprement dits ou valets de pied, servantes, cuisiniers et cuisinières, cochers, laquais, valets de chiens, valets de chambre, femmes de chambre, nourrices, bonnes d'enfants, portiers et concierges.

Plusieurs cantons comprennent, dans cette énumération, les jardiniers et gardes particuliers, mais cette qualification ne peut être admise à l'égard de ceux-ci qu'autant qu'ils sont nourris et logés dans la maison de maître.

ART. 198

L'engagement entre le maître et le domestique se forme partout verbalement.

L'usage du denier à Dieu n'existe plus.

ART. 199

Les domestiques se louent au mois ou à l'année ; dans le premier cas, les gages sont payés au mois, et dans le second cas par trimestres à partir du jour de l'entrée en service.

ART. 200

L'engagement peut être rompu par le maître ou le domestique à toute époque de l'année, après un avertissement qui doit être donné réciproquement huit jours à l'avance.

ART. 201

Si la rupture de l'engagement a lieu pour causes graves, aucun délai ne doit être observé.

§ II. — **Domestiques attachés à la culture**

ART. 202

Sont considérés comme domestiques attachés à la culture tous ceux qui sont employés dans les exploitations agricoles, tels que charretiers, valets de charrue, garçons de ferme, hommes employés à l'année, bergers et bergerons, vachers, bouviers, servantes et filles de basse-cour.

L'engagement se fait toujours verbalement.

ART. 203

L'usage de donner des arrhes n'existe plus.

ART. 204

L'engagement des domestiques attachés à la culture se fait partout pour une année.

ART. 205

L'époque d'entrée en service des domestiques attachés à la culture est le 24 juin ou le 29 septembre.

ART. 206

Les gages sont partout fixés à tant par an et se paient par trimestre à partir du jour de l'entrée en service.

ART. 207

L'engagement entre le maître et le domestique attaché à la culture doit être continué pendant tout le temps pour lequel il a été contracté, à moins que la rupture ne soit occasionnée par des motifs graves.

Néanmoins il peut être rompu de part et d'autre, moyennant un avertissement donné un mois d'avance.

ART. 208

Il n'y a pas de congé réciproque à donner lorsque le maître et le domestique veulent se séparer à la fin de l'année ou du terme pour lequel l'engagement a été contracté.

ART. 209

L'entrée et la sortie de service ont lieu au même moment à midi, le jour du terme.

III. — **Moissonneurs**

ART. 210

Il est d'usage de louer des ouvriers spéciaux pour l'exploitation de la récolte ; on les désigne sous le nom de moissonneurs, valets d'août ou gens d'août.

L'engagement se contracte généralement par un entrepreneur à toute époque de l'année qui précède la moisson, et sa durée est limitée par les opérations de cette récolte, y compris la rentrée à la ferme et l'engrangement.

ART. 211

L'engagement a lieu souvent à forfait pour toute la récolte ou à tant l'hectare. Nombre d'ouvriers se louent à la semaine, au mois ou à la journée.

ART. 212

Les moissonneurs sont payés en argent. En outre ils sont logés dans la ferme et reçoivent gratuitement la boisson.

Quant à la quantité de boisson elle est fixée à 200 litres par homme.

§ IV. — **Journaliers et Ouvriers**

ART. 213

Le travail effectif journalier des ouvriers de toute profession est de dix heures (sauf dans les villes où il est arrêté par des règlements particuliers). Il commence de six heures à six heures et demie du matin et finit de sept heures à sept heures et demie du soir, selon le jour.

Le temps employé pour se rendre au travail n'est pas compris dans les heures ci-dessus, ni celui des repas.

Les ouvriers travaillant à la campagne, nourris ou non, ont la boisson chez la personne qui exploite la ferme où ils sont employés, sauf toutefois les exceptions résultant de l'article 92 ci-dessus.

ART. 211

Les batteurs en grange sont payés à tant du cent, du mille
ou de la gerbe, et les marneurs à tant de l'hectolitre ou du
mètre cube. Partout on leur fournit la boisson. Dans quelques
cantons on leur donne la soupe le matin.

Le percement du trou par les marneurs fait ordinairement
l'objet d'un marché particulier à forfait, ou à tant du mètre
de profondeur.

FIN

TABLE DES MATIÈRES